El caballo de Troya

Título original del libro
The Wooden Horse of Troy

Nombre original de la colección
Ancient Greek Myths

Autor
John Malam estudió historia antigua y arqueología en la Universidad de Birmingham, después trabajó como arqueólogo en el Museo Ironbridge Gorge, en Shropshire. Actualmente es escritor, editor y revisor de textos y está especializado en libros para niños. Su website es: wwwjohnmalam.co.uk

Ilustrador
Peter Rutherford nació en Ipswich. Estudió ilustración y animación en el Ipswich Art College y trabajó como director de arte en agencias líderes de publicidad en la ciudad de Londres. Vive y trabaja en Suffolk; ha ilustrado libros para niños durante los últimos diez años.

Creador de la colección
David Salariya nació en Dundee, Escocia. Ha ilustrado una gran cantidad de libros y ha creado y diseñado innumerables series para editoriales tanto en el Reino Unido como en el exterior. En 1989 fundó The Salariya Book Company. Vive en Brighton con su esposa, la también ilustradora Shirley Willis, y con su hijo Jonathan.

Editor
Michael Ford

Malam, John
    El caballo de Troya / escrito por John Malam ; ilustrado por Peter Rutherford. -- Bogotá : Panamericana Editorial, 2005.
    32 p. : il. ; 26 cm. -- (Mitos griegos)
    ISBN-13: 978-958-30-1853-4
    ISBN-10: 958-30-1853-8
    1. Cuentos infantiles 2. Mitología griega - Literatura infantil 3. Guerra de Troya – Literatura infantil I. Rutherford, Peter, il. II. Tít. III. Serie.
    I808.831 cd 19 ed.
    AJF3491

    CEP-Banco de la República-Biblioteca Luis Ángel Arango

Editor
Panamericana Editorial Ltda.

Edición en español
Mónica Montes Ferrando

Traducción
María Clara González

Primera edición, The Salariya Book Company Ltd., 2004
Primera edición en Panamericana Editorial Ltda., julio de 2006

© 2004 The Salariya Book Company Ltd.
© 2005 de la traducción al español: Panamericana Editorial Ltda.
Calle 12 No. 34 - 20, Tels.: 3603077 - 2770100
Fax.: (571) 2373805
Correo electrónico: panaedit@panamericanaeditorial.com
www.panamericanaeditorial.com
Bogotá D.C., Colombia

ISBN-13: 978-958-30-1853-4
ISBN-10: 958-30-1853-8

Impreso por Panamericana Formas e Impresos S.A.
Calle 65 No. 95 - 28, Tel.: 4302110
Fax: (571) 2763008
Quien sólo actúa como impresor.

Impreso en Colombia / Printed in Colombia

Mitos griegos

El caballo de Troya

Escrito por
John Malam

Ilustrado por
Peter Rutherford

Creado y diseñado por
David Salariya

PANAMERICANA
EDITORIAL

El mundo de los mitos griegos

La antigua civilización griega fue una de las más grandes de la historia. Alcanzó su máximo esplendor en el siglo V a.C. hace casi 2.500 años.

Mucho les debemos a los antiguos griegos. Fueron grandes científicos, matemáticos, escritores y pensadores, así como extraordinarios narradores de historias. Varias de sus narraciones eran poemas, cuya extensión abarcaba miles de versos. En ellos hablaron sobre todo tipo de experiencias humanas, como el amor, la amistad, la guerra, la venganza y la historia. Los más famosos que han llegado hasta nosotros son los poemas épicos: historias de coraje y de guerra, donde dioses, monstruos y héroes se enfrentan a grandes obstáculos.

En un principio, esas largas historias se transmitían de boca en boca, pasando así de una generación a otra. Aquellos que las recitaban eran narradores profesionales, que viajaban para contar sus historias a través de todo el mundo griego. Eran llamados rapsodas ("tejedores de historias") y declamaban sus leyendas en las grandes plazas o teatros públicos. A medida que el rapsoda relataba, en voz alta y clara, iba enlazando los múltiples giros de su historia para que ésta tuviera un comienzo, una trama y un desenlace. Con el tiempo, esas crónicas pasaron de la forma oral a la escrita. La historia que sigue a continuación es una de las versiones del caballo de Troya. Es un relato que cuenta cómo la armada griega sitió a esta ciudad y derrotó a los troyanos gracias a un astuto engaño.

Mapa que muestra la antigua Grecia, con sus islas y sus tierras vecinas.

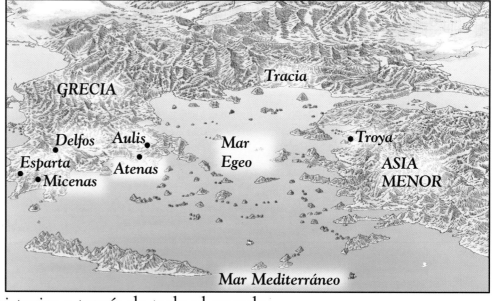

Si necesitas ayuda con alguno de los nombres o palabras que no conoces, puedes consultar las páginas 30 y 31.

Introducción

Saludos, ciudadanos! ¡Vengan acá! Yo soy el rapsoda, y les vengo a contar... de pronto ya oyeron ustedes hablar del sitio de Troya; de la bella Helena, a quien tantos héroes fueron a salvar. Tal vez ya escucharon del famoso engaño que usaron los griegos para conquistar.

Hoy vengo de lejos un cuento a contar de tiempos remotos y grandes guerreros un cuento asombroso van pues a escuchar si todos se acercan un poquito más.

Vengan acá y escuchen la historia que iré tejiendo de la antigua gloria con mucho detalle y de principio a fin yo se las contaré para que después a un amigo suyo, se la cuenten también.

Primero permítanme un momento, revisaré mis apuntes...

Troya y la ayuda de los dioses

Mi historia comienza hace muchísimo tiempo, en la época en que los dioses se mezclaban aún con los mortales. El gran Zeus, dios del anchuroso cielo, envió a Posidón, su hermano, y a su hijo Apolo, a trabajar en la tierra como castigo por haberse rebelado contra él. Posidón y Apolo trabajaron durante un año para Laomedonte, en ese entonces rey de Troya, y ayudaron a edificar la ciudad y a construir las largas y bellas murallas que la harían tan famosa. Posidón y Apolo no trabajaron solos pues le habían pedido ayuda a un mortal de nombre Éaco.

Laomedonte les había prometido como recompensa unos caballos inmortales, que brillaban como el sol y corrían como el viento. Pero Laomedonte no cumplió la promesa una vez los dioses finalizaron el trabajo. En venganza, Apolo envió una plaga sobre Troya, y Posidón ordenó a una monstruosa serpiente de mar que la atacara. Un oráculo consultado por el rey, le aconsejó sacrificar a su hija Hesíone para aplacar a la serpiente, pero para no perder a su amada hija, en lugar de sacrificarla, prometió regalar los caballos a quien fuera capaz de matar al monstruo. El valiente que consiguió realizar esta hazaña fue el héroe Heracles, aunque en esta oportunidad el rey tampoco cumplió su promesa.

Serpientes que predicen el futuro

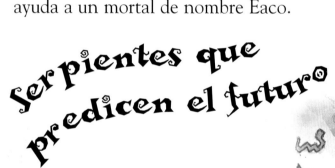

Una vez construidas las murallas de Troya, tres serpientes se deslizaron a la parte más alta de la construcción. Las dos que treparon a la parte de la muralla construida por los dioses, se resbalaron y murieron, pero la serpiente que trepó al sector construido por Éaco, cayó dentro de la ciudad. Gracias a este indicio, Apolo predijo que Troya sería destruida por los descendientes de Éaco.

Pregúntale al rapsoda

¿Qué hizo Heracles?

Heracles se marchó de Troya enfurecido con Laomedonte porque éste no cumplió su promesa de entregarle los caballos, y regresó muchos años después a matar al rey y a sus hijos. Hesíone abogó exitosamente por la vida de su hermano Podarces, quien de ahí en adelante fue llamado Príamo, y fue hecho nuevo rey de Troya por Heracles.

¡Construyan unas murallas bien altas y resistentes!

El juicio de Paris

El rey Príamo y su esposa Hécabe tuvieron un hijo llamado Paris. Antes de que naciera, Hécabe soñó que daría a luz una antorcha llameante; considerándolo un mal presagio, dejó a su hijo en una montaña, donde fue encontrado por unos pastores que lo criaron. Paris creció y siendo ya un apuesto joven, mientras apacentaba su rebaño junto al monte Ida, se le aparecieron tres diosas: Hera, Atenea y Afrodita. Las mujeres discutían por la posesión de una manzana de oro con una inscripción que decía: "para la más hermosa". Ya le habían pedido a Zeus que fuera el juez, pero éste, para evitarse problemas, ordenó a Paris que resolviera la disputa. Esperando ser la elegida, cada diosa le prometió a Paris un regalo excepcional. Hera le daría Asia y Europa; Atenea le propuso convertirlo en un gran guerrero; Afrodita, en cambio, le ofreció a Helena, la mujer más hermosa del mundo. Y Paris, "derrotado por el amor", le dio la manzana a esta última.

La manzana de la discordia

La diosa Éride enojada porque no había sido invitada a la boda de Peleo y Tetis (padres de Aquiles), en mitad de la ceremonia, tiró la manzana para provocar una disputa entre las diosas invitadas.

Paris lleva a Helena a Troya

Muchos hombres habían pedido la mano de la bella Helena, pero su padre Tindáreo, rey de Esparta, como condición para darla en matrimonio, había dispuesto que todos ellos juraran protegerla para siempre. Los pretendientes así lo hicieron y entonces Helena escogió a Menelao, de la ciudad de Micenas, y se casó con él.

Habían transcurrido ya diez años desde el encuentro con las diosas. Paris había vuelto a Troya y había sido aceptado en su familia. Afrodita, por su parte, no había olvidado su promesa, y una vez que Menelao se ausentó de Esparta, llevó a Paris allí, a encontrarse con la bella Helena. Y, una vez juntos, en la noche, ayudado por la diosa, el joven guió a Helena hacia su nave cargada de tesoros y de esclavos, e inició el regreso a Troya. Cuando Menelao estuvo de vuelta y descubrió lo que había sucedido, se puso furioso.

Un último recurso

Al principio, Menelao trató de hacer regresar a Helena de manera pacífica. Fue a Troya y pidió que le devolvieran a su esposa sana y salva. Sin embargo, al ver que todas sus peticiones eran rechazadas, comprendió que el único modo de liberarla era venciendo a los troyanos en una guerra.

Pregúntale al rapsoda

¿Por qué Helena se fue con Paris?

Afrodita lanzó un poderosísimo embrujo sobre Helena, haciendo que se enamorara perdidamente de Paris. Algunos dicen que la diosa hizo que Paris se pareciera a Menelao, de manera que Helena, engañada, creyera que estaba con su marido.

La flota zarpa hacia Troya

Menelao visitó a su hermano Agamenón, el rey de Micenas, para pedirle ayuda. Éste reunió a todos los griegos que habían jurado proteger a Helena, y de ese modo formó una gran armada bajo su mando.

Cerca de mil barcos estaban listos en Áulide para zarpar y llevar al ejército griego a través del mar hasta Troya. Sin embargo Calcante, un adivino que interpretaba los signos enviados por los dioses, les advirtió que la flota no debería salir del puerto sin Aquiles. Estaba anunciado que Troya no podría ser conquistada sin la ayuda de este héroe.

Además, Calcante vio a una culebra comerse nueve gorriones y luego convertirse en piedra, y dijo que esa era la señal de que Troya sería vencida después de diez años de guerra. La siguiente profecía fue más cruel: para aplacar la ira de la diosa Ártemis, a quien había ofendido, Agamenón debería sacrificar a su propia hija, Ifigenia. Tras grandes vacilaciones, el rey decidió hacerla traer, con el fin de casarla con Aquiles. Pero era un engaño, y luego de sacrificarla, los vientos soplaron a favor y la flota pudo, al fin, partir hacia Troya.

Filoctetes es abandonado

Camino a Troya los griegos anclaron en la isla de Ténedos para ofrecer un sacrificio a los dioses. Pero allí una serpiente mordió al arquero Filoctetes en el pie. Y su herida fue tan grave que los griegos, en contra de sus deseos, tuvieron que zarpar sin él.

¡Por Helena, la mujer que hizo zarpar mil naves!

Pregúntale al rapsoda

¿Por qué los griegos querían que Aquiles peleara con ellos?

Todos sabían que Aquiles era el más fuerte de todos, por eso era muy importante que se uniera a la armada griega. Cuando nació, su madre lo había sumergido en las aguas del río Estigia para volverlo inmortal, pero al sujetarlo por el talón derecho, éste no se mojó y pasó a ser así el único punto vulnerable de su cuerpo.

El sitio de Troya

Cuando la armada desembarcó, los ciudadanos y soldados de Troya observaron a los invasores desde las altas murallas que los dioses habían ayudado a construir. Agamenón y sus tropas acamparon fuera de la ciudad y así comenzó el sitio, que duró diez largos años. En el último año, Agamenón capturó una muchacha llamada Criseida, hija de uno de los sacerdotes de Apolo. El rey no quiso liberarla por ningún motivo, por lo que el dios, iracundo, envió una plaga a los griegos, que los hizo temer por sus vidas.

Aquiles convocó entonces una reunión, en la que se decidió que Agamenón devolvería a Criseida. Entonces se vio obligado a ceder, pero exigió que a cambio le dieran a Briseida, la esclava favorita de Aquiles. Esto provocó un duro intercambio de palabras entre los dos hombres, y a causa de la ofensa recibida, Aquiles se negó a seguir combatiendo a los troyanos. Semejante decisión fue un golpe terrible para Agamenón, pues recordaba muy bien la profecía que advertía que sin la ayuda de Aquiles, los griegos no conquistarían Troya.

Cómo escapó Odiseo de la muerte

Una antigua profecía afirmaba que el primero en pisar tierra troyana encontraría la muerte inmediatamente. Como nadie se atrevía a dar el primer paso, Odiseo saltó de su barco después de haber arrojado al suelo su escudo y se paró sobre él. Engañado con ese truco, Protesilao saltó de segundo, pero en realidad fue el primero en tocar tierra. La profecía se cumplió y Protesilao fue el primero que murió en la guerra.

Pregúntale al rapsoda

¿Los griegos trataron de buscar la paz?

A pesar de que el conflicto ya había comenzado, los griegos enviaron embajadores pidiendo el retorno de Helena y de los tesoros robados. Pero los troyanos no quisieron escuchar. Y en lugar de eso, los insultaron y les lanzaron basura desde las murallas de la ciudad.

¡Dame a Briseida, Aquiles!

¡Entonces lucha tú solo contra los troyanos, Agamenón!

15

¡Que comience la batalla!

A pesar de que Aquiles no pelearía y que la plaga había acabado con muchos soldados, Agamenón resolvió continuar la contienda. Ésta no fue una buena decisión. Pues sin que el monarca lo supiera, Aquiles, que estaba furioso, había pedido a los dioses que castigaran al rey, por haberle quitado a su esclava Briseida. Los dioses escucharon su súplica y por un tiempo los troyanos ganaron batalla tras batalla. Parecía como si fueran a ganar la guerra y los griegos tuvieran que devolverse con las manos vacías. Muchas cosas sucedieron en los diez años que duró la guerra de Troya.

¡Un escape afortunado!

Se acordó una tregua para que Paris y Menelao se enfrentaran en un duelo. El vencedor se quedaría con Helena, y así se daría por terminada la guerra. Sin embargo, cuando Menelao estaba a punto de matar a Paris, la diosa Afrodita lo hizo desaparecer.

Atenea interviene

Para que la guerra continuara, la diosa Atenea tomó la forma de un soldado troyano y, a pesar de la tregua, convenció a un arquero de lanzar una flecha con fuego desde las murallas. El disparo hirió a Menelao y la batalla comenzó de nuevo.

¡Asesinato!

Los héroes Odiseo y Diomedes mataron a Reso, rey de los tracios, que peleaba del lado de los troyanos. Le robaron sus caballos blancos pura sangre, los cuales brillaban como rayos de sol, eran rápidos como el viento y podían hacerse invisibles.

Tersites el cobarde

Tersites, el más feo de los griegos, exigió a Agamenón que abandonara la guerra para que los griegos pudieran regresar sanos y salvos a sus hogares. Nadie le puso atención. Recibió, en cambio, una paliza de manos de Odiseo, quien lo obligó a disculparse por sus necias palabras.

Una pelea reñida

Ayax se enfrentó en duelo con Héctor. La lucha duró todo un día y ninguno salió vencedor. Cuando cayó la noche, intercambiaron regalos y se separaron como iguales.

Pregúntale al rapsoda

¿Dónde estaba Aquiles mientras todo esto sucedía?

Debido a la disputa con Agamenón, Aquiles, el más intrépido de todos los guerreros griegos, se había retirado de la guerra y estaba en su tienda con su amigo Patroclo.

La flota en llamas

Con ayuda de los dioses, Héctor rompió las defensas griegas en la playa e incendió sus naves. Todo el tiempo que Aquiles se mantuvo fuera de la batalla, los dioses ayudaron a los troyanos.

Aquiles mata a Héctor

Con el curso de la guerra en su contra, los griegos temían haber perdido el favor de los dioses. ¡Y eso era justamente lo que estaba sucediendo! Al comprender que su única esperanza para triunfar descansaba en Aquiles, Agamenón le pidió que interviniera nuevamente, prometiendo devolverle a Briseida; ofreció darle, además, un gran tesoro y veinte de las más bellas mujeres de Troya una vez vencieran. Inclusive le prometió la mano de una de sus hijas, pero Aquiles se negó a recibir estos regalos. Cuando el troyano Héctor quemó las naves griegas, Patroclo, el mejor amigo de Aquiles, también le suplicó que regresara a la lucha,

pero éste se negó de nuevo. Le entregó, sin embargo, su armadura a su amigo, lo que provocó que los troyanos pensaran que Aquiles había vuelto a la lucha. Pero Héctor era más fuerte que Patroclo, y lo mató rápidamente. Abrumado por la muerte de su amigo, Aquiles terminó su disputa con Agamenón y le comunicó su deseo de volver a la lucha.

Persiguió luego a Héctor alrededor de las murallas de Troya, y finalmente lo enfrentó y lo mató, alcanzándolo con su espada en el cuello. Después ató a su carro el cuerpo sin vida de Héctor y lo arrastró alrededor de las murallas de la ciudad, para que los troyanos vieran que su gran guerrero estaba sin vida.

La muerte de patroclo

Después de matar a Patroclo, Héctor lo despojó de su armadura y se vistió con ella. Aquiles lloró y se afligió mucho con la muerte de su amigo, y lo honró con un gran funeral. En esta ceremonia, fueron sacrificados a los dioses doce prisioneros troyanos. Luego de matar a Héctor, Aquiles recobró la armadura de su amigo.

Pregúntale al rapsoda

¿Qué sucedió con el cuerpo de Héctor?

Aquiles arrastró el cuerpo de Héctor durante días. Los perros y las aves rapaces se alimentaron de él, y sólo cuando Príamo, rey de Troya, pagó su rescate, fue devuelto a su gente. Héctor recibió el funeral de un héroe, y se pactó una tregua de doce días.

¡Los griegos venceremos!

La muerte de Aquiles

Tan pronto como Aquiles regresó a la batalla, la guerra volvió a estar a favor de los griegos. Pentesilea, la reina de las amazonas, vino a luchar con los troyanos. Pero a pesar de que peleó con valentía, no estuvo a la altura de Aquiles y cayó muerta. Entonces Tersites se mofó de la admiración que el héroe sentía por la reina muerta. Y eso fue lo último que hizo este pobre infeliz. Aquiles se dio vuelta y también lo mato a él.

Los días de Aquiles, sin embargo, estaban contados. Aunque todos lo creían invencible, tenía un punto débil. Cuando luchaba con Paris, el dios Apolo dirigió una flecha a la zona de su cuerpo que no había sido protegida por las aguas del río Estigia. La flecha lo alcanzó en el talón y la vida se le escapó. El héroe de los griegos había muerto. El corpulento Ayax cargó en hombros su cuerpo hasta el campamento griego, donde fue llorado durante 17 días. Luego lo pusieron en una pira funeraria, y mezclaron sus cenizas con las de su amigo Patroclo.

La muerte de Paris

Filoctetes, abandonado en la isla de Ténedos, era el guardián del arco y las flechas de Heracles. Ingresó a la guerra cuando Odiseo le arrebató sus armas, atrayéndolo de esta forma a Troya. Con una flecha envenenada, disparada con el arco de Heracles, Filoctetes mató a Paris.

Se acaba mi vida...

Pregúntale al rapsoda

¿Qué le sucedió a Ayax?

Ayax estaba seguro de que ganaría el concurso cuyo premio era la armadura de Aquiles, pero se la ganó Odiseo. En un momento de desesperación y de locura mató las ovejas que los griegos tenían como reserva de alimento. Temeroso de que se burlaran de él, enterró la empuñadura de su espada en el suelo y se ensartó en ella.

El caballo de Troya

Los griegos capturaron a un adivino troyano que podía ver el futuro. Él les dijo que debían hacer tres cosas si querían tomar a Troya: traer a Filoctetes a luchar con ellos (así lo hicieron y precisamente fue él quien mató a Paris), permitir que el hijo de Aquiles entrara a la guerra (el joven participó en los combates); y robar una estatua sagrada de los troyanos (así lo hicieron). Pero a pesar de estos oráculos troyanos, el cerco continuaba.

Fue decisiva la intervención de la diosa Atenea, quien dijo a los griegos lo que debían hacer. Siguiendo sus instrucciones, construyeron un gran caballo de madera, en cuyo interior se podían esconder muchos guerreros, con una inscripción en su parte exterior que decía: "Ofrenda de los griegos a Atenea, por su regreso a casa". Arrastraron el caballo y lo dejaron frente las murallas. Luego abordaron las naves y zarparon, dando la impresión de que abandonaban la guerra. Sólo un hombre llamado Sinón se quedó atrás.

A la mañana siguiente, los troyanos no daban crédito a sus ojos: ¡los griegos se habían marchado! Sinón, quien se había dejado capturar, les dijo que el caballo era una ofrenda para Atenea. Afirmó, además, que la estatua era demasiado grande como para entrarla a la ciudad. Esto encendió el orgullo de los troyanos, y llevaron el caballo al interior de las murallas, sólo para probar que los griegos se equivocaban.

Doce hombres valientes

Nadie sabe en realidad cuántos hombres estaban escondidos dentro del caballo. La historia es tan antigua que el número se olvidó hace tiempo. Algunos dicen que fueron 23 o 30, otros insisten que fueron 50, 100 e incluso 3.000. Yo creo que sólo fueron doce.

Pregúntale al rapsoda

¿Todos los troyanos cayeron
en la trampa?

A pesar de que algunos troyanos
sospechaban del regalo de los griegos,
sólo un hombre se atrevió a expresar
sus dudas: Laocoonte. Sin embargo, la
diosa Atenea envió dos serpientes
gigantes que lo mataron, al igual que a
sus dos hijos. Los troyanos creyeron
que había sido un castigo de la diosa
por rechazar el regalo.

La caída de Troya

Para entrar el caballo a Troya hubo que demoler parte de la muralla (precisamente la sección que había sido construida por Éaco). Una vez hecho esto, arrastraron el caballo hasta adentro por la abertura y convencidos de su victoria, hicieron una gran celebración.

Dentro del caballo, los soldados griegos permanecían silenciosos y quietos. Esperaron hasta la noche, y cuando los troyanos se durmieron, salieron de su escondite y abrieron las puertas de la ciudad. En la parte más alta de las murallas, Helena, la mujer que había sido causante de la guerra, encendió una antorcha que fue observada por la armada griega. Ése era el aviso de que Troya estaba lista para ser atacada.

Los griegos destruyeron la ciudad, saquearon los templos y robaron sus tesoros. Príamo, el rey de Troya, fue asesinado. Hécabe, su esposa, y Casandra, su hija, fueron tomadas prisioneras. Al bebé de Héctor –el guerrero troyano caído en batalla– lo arrojaron desde lo alto de las murallas y su madre fue hecha cautiva por los victoriosos griegos.

¿Por qué Helena ayudó a los griegos?

Helena había vivido en Troya durante muchos años. Se había convertido en la mujer de Paris, el troyano que la había engañado para dejar Esparta. Todo este tiempo ella había querido regresar a Grecia. Odiseo le había dicho que si traicionaba a los troyanos, su deseo se haría realidad.

Pregúntale al rapsoda

¿Qué le sucedió a Helena?

No olvidemos que la guerra de Troya empezó porque los troyanos habían raptado a Helena, la mujer más hermosa del mundo, apartándola de Menelao, su esposo. Esta historia tuvo un final feliz, porque con la caída de Troya, ella se reunió de nuevo con Menelao.

El regreso de los héroes

Después de diez años de guerra, los héroes esperaban regresar a casa en pocos días. Sin embargo, las cosas no iban a suceder así. Los dioses estaban irritados con los griegos. No habían querido que Troya, la ciudad que habían ayudado a construir, fuera destruida totalmente. Además, consideraban un sacrilegio los saqueos de sus templos.

Entonces, como castigo, los dioses enviaron una terrible tempestad sobre la flota griega. Se hundieron muchos barcos, sólo algunos pocos se salvaron. Uno de esos fue el de Agamenón, que estaba protegido por la diosa Hera. Pero en su palacio lo esperaba una sorpresa. Su esposa, Clitemestra, se había enamorado de otro hombre y lo mató mientras tomaba su baño.

La furia de Atenea

La diosa Atenea había apoyado a los griegos durante toda la guerra, pero se irritó con ellos cuando redujeron la ciudad a escombros. Los castigó con una terrible tempestad.

Pregúntale al rapsoda

¿Helena y Menelao vivieron felices después de todo lo sucedido?

Después de la tormenta, a Helena y a Menelao les tomó siete largos años regresar a Esparta, de la que se habían ausentado diecisiete años. Allí vivieron el resto de sus vidas, y cuando Menelao envejeció, Zeus lo llevó a los Campos Elíseos y Apolo convirtió a Helena en una diosa.

¿El final de la historia?

Y bueno, el rapsoda ha llegado al final de su relato. Sin embargo, con frecuencia el final de una historia es el comienzo de la siguiente. De las ruinas de Troya surgió un guerrero troyano, un líder que había combatido a los griegos. Su nombre era Eneas. Él huyó de la ciudad llevando en sus hombros a Anquises, su padre, que estaba paralítico, y en sus brazos a su hijo Ascanio. También se llevó con él algunos objetos que eran sagrados para los dioses de Troya.

Eneas viajó muy lejos, buscando un lugar para fundar un nuevo reino. Llegó más allá de Tracia, luego a la isla de Delos y más tarde a Creta. Pero su destino no estaba en ninguno de esos lugares. Ni siquiera en Sicilia, la isla donde murió su padre. Únicamente cuando llegó a Italia cambió su suerte.

Entró por el río Tíber a la región que gobernaba el rey Latino. Se casó con Lavinia, la hija de este rey, y fundó en su honor una ciudad que llamó Lavino. Ascanio, cuando se hizo hombre, también fundó otra ciudad en Italia. Muchos años más tarde, Rómulo, descendiente de Eneas, levantó una ciudad más. Se llamaba Roma, y con seguridad ya habrás oído hablar de ella.

Eneas, padre de los romanos

La profecía afirmaba que un día Eneas se comería el plato donde estaba su comida y que su nuevo hogar sería el sitio donde sucedería esto. En una de las orillas del río Tíber, en Italia, Eneas se comió una tajada delgada de pan, que le había servido de plato. Fue en ese lugar donde fundó la ciudad de Lavino.

Hijo, debemos empezar una nueva vida lejos de Troya.

Pregúntale al rapsoda

¿Qué pasó con Troya?

Con la familia real muerta y el pueblo asesinado o vendido como esclavo, la ciudad de Troya, convertida en ruinas, jamás resurgiría de sus escombros. Todo lo que nos queda de ella es su recuerdo remoto, que se mantiene vivo gracias a historias como ésta que acabas de leer.

Glosario

Amazonas. Pueblo de mujeres guerreras que se gobernaban sin intervención de los hombres.

Augurio. Anuncio de algo futuro.

Campos Elíseos. La versión griega del cielo.

Duelo. Combate entre dos como consecuencia de un desafío.

Embajador. Un oficial enviado a hablar con los líderes del país extranjero.

Inmortal. Que no puede morir.

Juramento. Una promesa.

Mortal. Que puede morir.

Oráculo. Respuesta que daban los dioses a través de sus sacerdotes.

Presagio. Anuncio de un hecho futuro.

Rapsoda. Persona que iba de pueblo en pueblo cantando poemas heroicos.

Sacrilegio. Profanación de un lugar sagrado.

Santuario. Lugar sagrado para adoración de los dioses.

Río Estigia. Río que constituía el límite entre la Tierra y el inframundo.

Rescate. Pago para conseguir el regreso de alguien.

Paralítico. Que no puede caminar.

Pira. Hoguera para los sacrificios.

Profeta. El que predice los hechos por inspiración divina.

Tregua. Suspensión de la batalla por un tiempo determinado.

Vaticinar. Adivinar, profetizar.

Quién es quién

Afrodita. Diosa de la belleza y del amor.

Agamenón. Caudillo de la flota griega.

Anquises. Padre de Eneas.

Apolo. Dios de la medicina y de la música, hijo de Zeus.

Aquiles. El soldado más fuerte de los griegos.

Ares. Dios de la guerra.

Ártemis. Diosa de la caza.

Ascanio. Hijo de Eneas.

Atenea. Diosa de la sabiduría, hija de Zeus.

Ayax. Héroe griego de gran fuerza.

Briseida. Esclava que pertenecía a Aquiles.

Calcante. Uno de los adivinos más famosos de la mitología griega.

Casandra. Hija de Príamo.

Clitemestra. Esposa de Agamenón.

Criseida. Esclava griega que perteneció a Agamenón.

Diomedes. Líder griego.

Éaco. Mortal que ayudó a construir las murallas de Troya.

Eneas. Líder troyano que se convirtió en el padre de los romanos.

Éride. Personificación de la discordia.

Filoctetes. Arquero que había heredado el arco de Heracles.

Hécabe. Esposa de Príamo, reina de Troya.

Héctor. Héroe troyano, hijo del rey Príamo.

Helena. Esposa de Menelao, rey de Esparta.

Hera. Señora del Olimpo, al lado de Zeus una de las divinidades más importantes.

Heracles. Héroe griego de gran fuerza.

Hesíone. Hija de Laomedonte.

Ifigenia. Hija de Agamenón.

Laocoonte. Sacerdote troyano.

Laomedonte. Antiguo rey de Troya, padre de Príamo y de Hesíone.

Lavinia. Esposa de Eneas.

Menelao. Rey de Esparta.

Odiseo. Héroe griego.

Paris. Hijo de Príamo.

Patroclo. El mejor amigo de Aquiles.

Pentesilea. Reina de las amazonas.

Podarces. Nombre original de Príamo.

Posidón. Dios del mar.

Príamo. Rey de Troya.

Protesilao. El primer griego que murió al llegar a Troya.

Reso. Rey de Tracia.

Sinón. Espía griego.

Tersites. Un soldado griego feo y cobarde.

Tindáreo. Padre de Helena.

Zeus. Rey de los dioses, gobierna en el Olimpo.

Índice

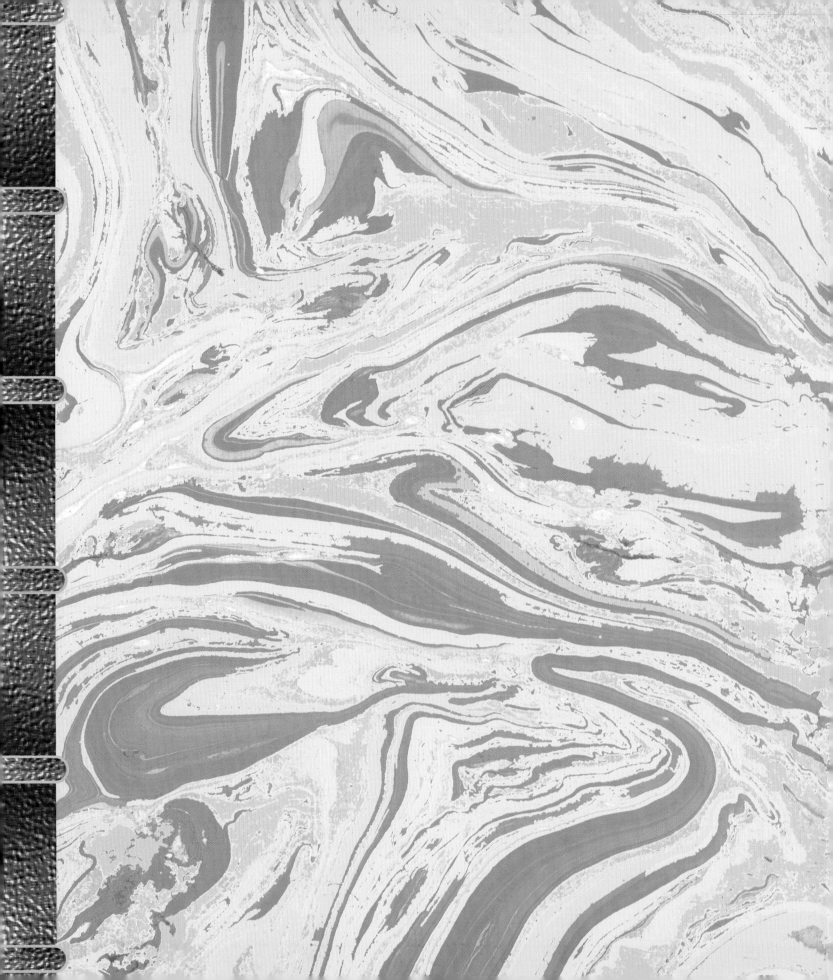